EL MONTE
DE LAS ÁNIMAS
Gustavo Adolfo Bécquer

GUIÓN
Y DIBUJOS:
David Rubín

Esta obra ha sido publicada con una subvención
de la Dirección General del Libro, Archivos y Bibliotecas
del Ministerio de Cultura, para su préstamo público
en Bibliotecas Públicas, de acuerdo con lo previsto
en el artículo 37.2 de la Ley de Propiedad Intelectual.

Dirección editorial: Elsa Aguiar
Coordinación editorial: Berta Márquez y Xohana Bastida

© del guión y los dibujos: David Rubín, 2009
© Ediciones SM, 2009
  Impresores, 2
  Urbanización Prado del Espino
  28660 Boadilla del Monte (Madrid)
  www.grupo-sm.com

ATENCIÓN AL CLIENTE
Tel.: 902 121 323
Fax: 902 241 222
e-mail: clientes@grupo-sm.com

ISBN: 978-84-675-3631-7
Depósito legal: M-35212-2009
Impreso en España / *Printed in Spain*
Imprime: Orymu, S.A.

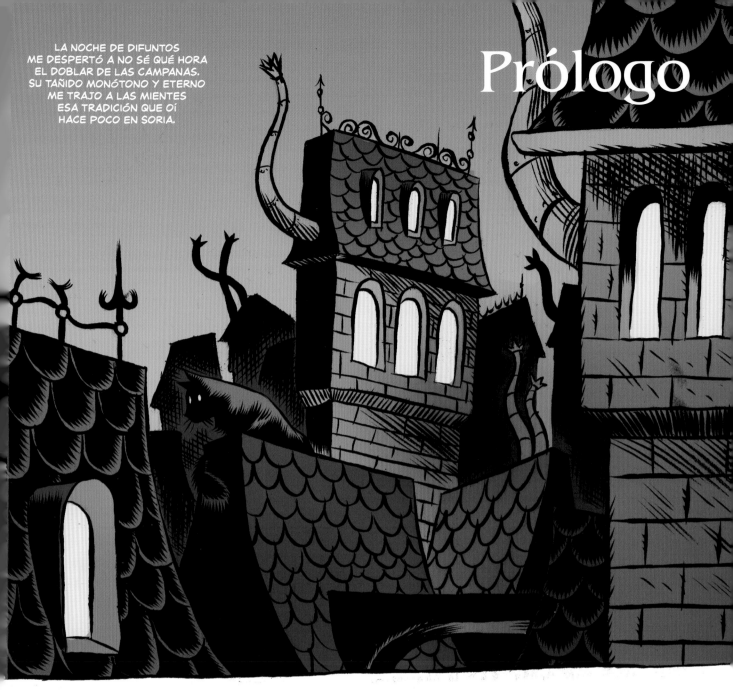

LA NOCHE DE DIFUNTOS
ME DESPERTÓ A NO SÉ QUÉ HORA
EL DOBLAR DE LAS CAMPANAS.
SU TAÑIDO MONÓTONO Y ETERNO
ME TRAJO A LAS MIENTES
ESA TRADICIÓN QUE OÍ
HACE POCO EN SORIA.

Prólogo

INTENTÉ DORMIR DE NUEVO.
¡IMPOSIBLE! UNA VEZ
AGUIJONEADA, LA IMAGINACIÓN,
ES UN CABALLO QUE SE DESBOCA
Y AL QUE NO SIRVE TIRARLE
DE LA RIENDA. POR PASAR
EL RATO ME DECIDÍ A ESCRIBIRLA,
COMO EN EFECTO LO HICE.

YO LA OÍ EN EL MISMO LUGAR EN EL QUE ACAECIÓ,
Y LA HE ESCRITO VOLVIENDO ALGUNAS VECES
LA CABEZA CON MIEDO CUANDO SENTÍA CRUJIR
LOS CRISTALES DE MI BALCÓN, ESTREMECIDOS
POR EL AIRE FRÍO DE LA NOCHE.

SEA DE ELLO LO QUE QUIERA, ALLÁ VA,
COMO EL CABALLO DE COPAS.

2

LOS SERVIDORES ACABABAN
DE LEVANTAR LOS MANTELES;
LA ALTA CHIMENEA GÓTICA DEL PALACIO
DE LOS CONDES DE ALCUDIEL DESPEDÍA
UN VIVO RESPLANDOR Y EL VIENTO AZOTABA
LOS EMPLOMADOS VIDRIOS
DE LAS OJIVAS DEL SALÓN...

... LOS MÁS ANCIANOS DEL LUGAR
REFERÍAN, A PROPÓSITO DE LA NOCHE
DE DIFUNTOS, CUENTOS TEMEROSOS
EN QUE LOS ESPECTROS Y LOS APARECIDOS
REPRESENTABAN EL PRINCIPAL PAPEL...

... Y LAS CAMPANAS
DE LAS IGLESIAS DE SORIA
DOBLABAN A LO LEJOS
CON UN TAÑIDO MONÓTONO
Y TRISTE.

SOLO DOS PERSONAS PARECÍAN AJENAS A LA CONVERSACIÓN GENERAL: BEATRIZ Y ALONSO.

HERMOSA PRIMA, PRONTO VAMOS A SEPARARNOS, TAL VEZ PARA SIEMPRE...

LAS ÁRIDAS LLANURAS DE CASTILLA, SUS COSTUMBRES TOSCAS Y GUERRERAS, SUS HÁBITOS SENCILLOS Y PATRIARCALES, SÉ QUE NO TE GUSTAN...

¿TE ACUERDAS DE CUANDO FUIMOS AL TEMPLO A DAR GRACIAS A DIOS POR HABERTE DEVUELTO LA SALUD QUE VINISTE A BUSCAR A ESTA TIERRA?

EL JOYEL QUE SUJETABA LA PLUMA DE MI GORRA CAUTIVÓ TU ATENCIÓN...

... ¡QUÉ HERMOSO ESTARÍA SUJETANDO UN VELO SOBRE TU OSCURA CABELLERA!

YA HA PRENDIDO EL DE UNA DESPOSADA: MI PADRE SE LO REGALÓ A MI MADRE...

... Y ELLA LO LLEVÓ AL ALTAR...

¿LO QUIERES?

EN EL MONTE...
ACASO...
¡¡EN EL MONTE DE LAS ÁNIMAS!!
EN EL MONTE DE LAS ÁNIMAS.

T-TÚ LO SABES PORQUE LO HABRÁS OÍDO MIL VECES: EN LA CIUDAD...

... ¡E-EN TODA CASTILLA ... !

... ME LLAMAN EL REY DE LOS CAZADORES. NO HABIENDO PODIDO PROBAR MIS FUERZAS EN LOS COMBATES, COMO MIS ASCENDIENTES...

... HE LLEVADO A ESTA DIVERSIÓN, IMAGEN DE LA GUERRA, TODO EL ARDOR HEREDITARIO DE MI RAZA.

L-LA ALFOMBRA QUE PISAN TUS PIES SON DESPOJOS DE FIERAS QUE HE MUERTO POR MI MANO...

... YO CONOZCO SUS GUARIDAS Y SUS COSTUMBRES, Y-YO HE COMBATIDO CON ELLAS DE DÍA Y DE NOCHE, A PIE Y A CABALLO, SOLO Y EN BATIDA...

... Y NADIE DIRÁ QUE ME HA VISTO HUIR EL PELIGRO EN NINGUNA OCASIÓN.

¡CLANG! ¡¡CLANG!! ¡¡¡CLANG!!! ¡CLANG! ¡¡CLANG!! ¡¡
!! ¡¡¡CLANG!!! ¡¡CLANG!! ¡¡CLANGTRIIIIZZZ!! ¡¡BEATRIIIIZZZ!! ¡¡BEEE
ATRIIIIZZZ!! ¡¡BEATRIIIIZZZ!!...

DICEN QUE DESPUÉS DE ACAECIDO
ESE SUCESO, UN CAZADOR
EXTRAVIADO QUE PASÓ LA NOCHE
DE DIFUNTOS SIN PODER SALIR
DEL MONTE DE LAS ÁNIMAS,
Y QUE AL OTRO DÍA,
ANTES DE MORIR,
PUDO CONTAR LO QUE VIERA,
REFIRIÓ COSAS HORRIBLES...

... ENTRE OTRAS, ASEGURA
QUE VIO A LOS ESQUELETOS
DE LOS ANTIGUOS TEMPLARIOS
Y DE LOS NOBLES DE SORIA
ENTERRADOS EN EL ATRIO
DE LA CAPILLA LEVANTARSE
AL PUNTO DE LA ORACIÓN
CON UN ESTRÉPITO HORRIBLE...

... Y, CABALLEROS SOBRE OSAMENTAS DE CORCELES, PERSEGUIR COMO A UNA FIERA A UNA MUJER HERMOSA, PÁLIDA Y DESMELENADA QUE, CON LOS PIES DESNUDOS Y SANGRIENTOS Y ARROJANDO GRITOS DE HORROR, DABA VUELTAS ALREDEDOR DE LA TUMBA DE ALONSO.

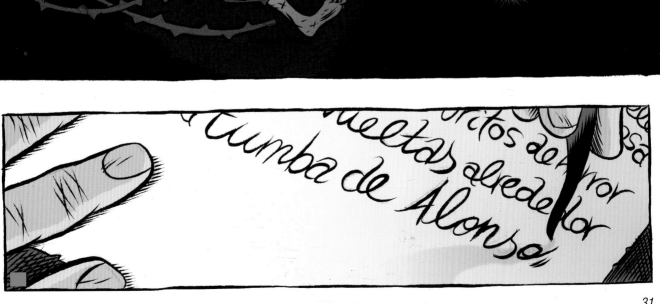